FSC
www.fsc.org

MIX

Papier aus ver-
antwortungsvollen
Quellen
Paper from
responsible sources

FSC® C105338

AF211103

SICHTWEISEN

GEDICHTE

DAS BÖSE AUSHALTEN
GELINGT MIT
LIEBEVOLLEN TRÄUMEN

Günter Wülfrath

Bibliografische Informationen der Deutschen Nationalbibliothek:
Die Deutsche Nationalbibliothek verzeichnet diese Publikationen in der Deutschen Nationalbibliografie detaillierte bibliografische Daten sind im Internet über http://dnb.dnb.de abrufbar.

Verlag: BoD · Books on Demand GmbH, Überseering 33, 22297 Hamburg, bod@bod.de
Druck: Libri Plureos GmbH, Friedensallee 273, 22763 Hamburg
ISBN: 978-3-8192-8047-4

Liebe Leserinnen, liebe Leser,
mit einer modernen Fassung von Lessing's
Ringparabel möchte ich einen prosaischen
Text an den Anfang dieses Buches stellen.
Wichtige Themen in den folgenden Gedichten
sind für mich, unter anderem, Krieg &
Frieden, Flüchtlinge, Heimat & Natur,
Philosophie, meine persönlichen Empfin-
dungen und vor allem die Liebe.

Heute möchte ich, sozusagen als „Schauspieler", vorschlagen, dem folgenden Spiel zuzustimmen.

*Lessings **„NATHAN DER WEISE"** ein 1783 in Berlin uraufgeführtes Stück zum Thema Religionskrieg, interreligiöser Dialog und, vor allem - Toleranz. Also auch ein Stück, das es wert sein sollte, seinen Inhalt auf die mit Krieg und Elend verseuchte Gegenwart zu übertragen. Zur Toleranz gehört aber auch, den Inhalt des wunderbaren Stückes einem heutigen, modernen Gesellschaftsbild anzupassen. Darum schlage ich vor, wie im folgenden Text, von mir beschrieben, eine aktualisierte Neufassung vorzunehmen.*

"SARAH DIE WEISE"

(Urenkelin des Nathan)

Wir sind mitten in Deutschland zur Zeit der Flüchtlingsströme in Folge der Kriege und Bürgerkriege in Europa (Ukraine), Palästina (Israel), Afrika, im Irak, in Syrien und der Bombardierung Kurdischer Städte in der Türkei.

Die in Israel geborene Sarah Geldermann, eine kluge und erfolgreiche jüdische Schmuck-händlerin, kommt von einer langen Geschäftsreise in ihre Heimatstadt Frankfurt zurück. Während ihrer Abwesenheit gab es einen Brandanschlag auf ihr Haus. Gott sei dank wurde ihr Pflegesohn Felix von Christiane, einer christlichen Nachbarin, aus den Flammen gerettet.

Von ihr wird erzählt, dass sie als Mitglied einer Hilfsorganisation in Palästina in Gefangenschaft geriet und daß der einflussreiche islamische Imam Ahmed sich sofort für ihre Freilassung eingesetzt hat, weil sie seiner verschollenen Frau Sivla sehr ähnlich sehe.

Sarah bittet Maria, die verwitwete christliche Erzieherin von Felix, die Retterin ihres Sohnes einzuladen, aber Christiane lehnt es ab mit Juden zu verkehren. Sarah begibt sich daraufhin selbst zu der Wohnung. Als Christiane ihr Haus verlässt, spricht Sarah sie an, und obwohl Christiane sich zunächst schroff abweisend verhält, gelingt es der charmanten Schmuckhändlerin allmählich, sie durch ihre tolerante und kluge Haltung für sich einzunehmen.

Imam Ahmed träumt davon, seine Schwester Sittah mit seinem Bruder und seinen Sohn Melek mit einer Schwester eines prominenten christlichen Europäers zu verheiraten, um Frieden zwischen Christen und Muslimen zu stiften. Weil seine politische Situation in Palästina aber immer unsicherer wird, braucht er einflussreiche Hilfe. Unter dem Vorwand, über Geschäfte reden zu wollen, bittet er daher die erfolgreiche jüdische Schmuckhändlerin Sarah, nach Palästina zu kommen. Als Sarah die Einladung erhält, ist sie zunächst gespannt welche Geschäfte Ahmed mit ihr machen will. Doch nachdem einige Zeit mit unverbindlichen Gesprächen vergangen ist, fragt Ahmed sie zu ihrer Verblüffung, welche Religion sie für die wahre halte. Weil Sarah über großes diplomatisches Geschick verfügt verbirgt sie ihre

Überraschung und antwortet mit ihrer Interpretation der berühmten Ringparabel:

„In einer bestimmten Familie gehörte es zur Tradition, durch die Weitergabe eines kostbaren Rings, jeweils eines der Kinder als zukünftiges Familienoberhaupt auszuwählen. Weil die Eltern sich aber nicht zwischen ihren drei rechtschaffenen Kindern entscheiden konnten, ließen sie zwei Duplikate des Rings anfertigen, die sie selbst nicht vom Original zu unterscheiden vermochten.

Nach dem Tod der Eltern kam es zum Streit zwischen den drei Geschwistern. Die angerufene Richterin weigerte sich jedoch, ein Urteil zu sprechen. Sie rät aber jedem der drei Kinder, an die Echtheit ihres Ringes zu glauben und in vielen Jahren zurück zu kommen".

Die bemerkenswerten Schlussworte der Richterin:

„Jede der drei großen Religionen kann die "echte" sein. Jedenfalls sollten ihre jeweiligen Anhänger davon ausgehen und es durch Sittlichkeit und Nächstenliebe zu beweisen suchen".

In der Richterin, die ein Urteil den Klägern selbst überlässt, erkennt Ahmed seine Gesprächspartnerin Sarah. Er reagiert betroffen und bietet ihr seine Freundschaft an. Während Sarah noch bei Ahmed ist, folgt Christiane ihrer Einladung. Weil sie aber nur

Felix und Maria im Haus der Schmuckhändlerin antrifft und sich verwirrt eingesteht, wie sehr Felix ihr gefällt - zieht sie sich rasch wieder zurück. An der Reaktion von Felix erkennt seine Erzieherin Maria, dass auch er sich verliebt hat.

Ahmed versteht die Parabel sehr gut. Er erkennt sofort, dass die drei Ringe die drei Religionen, Judentum, Christentum und Islam darstellen sollen und die drei Kinder deren Anhänger symbolisieren.

Ungeachtet der verschiedenen Religionen und ihrer anfänglichen Distanz zu Juden drängt es Christiane, mit Felix zusammen zu sein. Diese aufkeimende Liebe bleibt der klugen Sarah nicht verborgen, doch sie reagiert ausweichend und erkundigt sich zunächst nach Christianes Herkunft.

Maria trifft sich heimlich mit ihrer Glaubensschwester Christiane, die Sarahs Zurückhaltung als Ablehnung ihres christlichen Glaubens missdeutet. Maria verrät ihr, dass Felix nicht Sarahs leiblicher Sohn ist, sondern ein christlich getauftes Kind, das diese aufgezogen habe. Die Vorstellung eines von einer Jüdin erzogenen Felix entsetzt Christiane.

In ihrer antisemitischen Verwirrung entfacht sie eine Kampagne in den sozialen Medien, in der sie Sarah beschuldigt, ihren Pflegesohn von seinem christlichen Wurzeln abbringen zu wollen.

Ein alter Priester warnt Sarah. Es handelt sich um den Mann, der ihr vor 18 Jahren, nachdem wenige Tage zuvor ihr Mann und ihre Kinder bei einem schweren Autounfall umgekommen waren, ein Kind anvertraute, dessen Mutter - die Schwester eines Kardinals - gestorben war. Der Vater war 1990 bei einer Geschäftsreise nach Jerusalem, im so genannten „Krieg der Steine", einem Terroranschlag zum Opfer gefallen.

Im Haus des Imam klärt Sarah diesen über Felix' Herkunft auf. Seine Mutter war die Schwester eines hoch angesehenen Kirchenfürsten. Sein Vater ein einflussreicher Unternehmer. Bevor dieser geschäftlich nach Palästina reiste, vertraute er seinem Schwager, dem Kardinal, die Erziehung seines Sohnes an.

Als der Kardinal krank wurde, bat er einen befreundeten Priester, die Erziehung des kleinen Felix, der in Wirklichkeit Peter heißt, sicher zu stellen. Der Priester, der sich dieser Aufgabe nicht gewachsen fühlte, vertraute das Kind damals der jungen Sarah an. Ahmed der dem Bericht seiner Gesprächspartnerin staunend zugehört hat, vergewissert sich durch einen Blick in die Unterlagen, die der alte Priester Sarah überbracht hatte, und erkennt dabei, dass es sich bei dem Vater von Felix um niemand anderen handelt als um seinen Bruder Assad, der vor vielen Jahren, in Deutschland, die Schwester eines Kardinals geheiratet hatte.

Peter, genannt Felix, ist der Sohn einer christlichen Mutter. Sein Vater ist deren Ehemann Assad, dessen Bruder Ahmed, also sein Onkel, ist ein muslimischer Imam. Außerdem wurde Felix von Sarah seiner jüdischen Pflegemutter aufgezogen.

Obwohl Peter-Felix, seine Mutter, Assad, Ahmed und Sarah drei verschiedenen Religionen angehören, sind sie Mitglieder ein und derselben Familie.

Die Schlussworte der Richterin aus der Ringparabel behalten auch in der heutigen Welt ihre einzigartige Bedeutung.

„Jede der drei großen Religionen kann die – echte - sein. Jedenfalls sollten ihre jeweiligen Anhänger davon ausgehen und es durch Sittlichkeit und Nächstenliebe zu beweisen suchen".

Die Schlussfolgerung aus dem Theaterstück:

Weder Religionen noch Weltanschauungen können die Kraft der Menschenliebe übertreffen.
Dieses Theaterstück nähert sich dem Ziel Menschenliebe auf Theaterspielende Weise.

EINFACH WIEDER TRÄUMEN

Einfach wieder träumen,
mit den Wolken zieh'n,
in grenzenlosen Räumen,
traurigen Gedanken entflieh'n.

Wie die Fische schwimmen,
durch herrliche Wälder geh'n,
nicht über das Unglück sinnen,
stattdessen blauen Himmel seh'n.

Es kommen die Gedanken
nun allmählich zur Ruh',
und der Traumrosen Ranken
decken mich zärtlich zu.

Und die Bäume im Wald
rauschen im Wind dazu.
Die Wolken bekommen Gestalt,
moderndes Laub federt den Schuh.

Einfach wieder träumen,
von Schönheit und Lust,
im Traumwald unter Bäumen
verschwindet jeglicher Frust.

Einfach wieder träumen
mit den Wolken zieh'n,
in grenzenlosen Räumen,
traurigen Gedanken entflieh'n.

KRIEG UND FRIEDEN

Die Toten der Kriege
kennen keine Sieger

ÜBER SIEGE & NIEDERLAGEN

Als sie nach schrecklichen Kriegen
endlich den Frieden
erreicht hatten,
vernahmen die Erlösten
die Racheschwüre der Kriegstreiber
leider nicht.
Als sie nach schrecklichen Kriegen
frei und sicher
sich wähnten,
hatten sie nicht bedacht,
dass die Menschenfeinde noch lebten,
und diese nicht daran dachten
ihre Machtgelüste aufzugeben.

Befreit aus den Gefängnissen
einer kriegstaumeligen Welt,
verbreitete sich die Friedenssehnsucht
in alle Himmelsrichtungen.
Doch immer noch
wird der Frieden bedroht,
bei uns und den Nachbarn,
in unserer Nähe, in der Ferne,
weltumspannend über alle Meere.

Es legte die eigene Überheblichkeit
die erreichten Erfolge
aus den vergangenen Siegen
in die Schubladen der
vergessenen Zeit.
Die Ziele der Vergangenheit verlierend,
müssen die Kinder des Friedens,
nach den Fehlern ihrer Eltern,
eine Niederlage erleiden.

WAFFEN TÖTEN AUCH IM FRIEDEN

Politik, die dem eigenen Volk schadet,
unbeachtet, vergessen.

Vergessen sind
die tötenden Raketen.
Sterbende Großeltern, Eltern und Kind
Rüstungskonzerne stapeln Moneten.

Ohne weitere Waffen,
gibt es weniger Tote.
Immer stärkere Raketen
erschießen den Frieden
mit Pulver und Blei.

Und in den Städten
zerstörte Häuser,
vergessener Frieden
und gestorbene Menschlichkeit.

Schluss mit sinnlosem Schlachten,
gebt uns den Frieden wieder,
wir wollen die Menschen achten.
Die Waffen nieder!
.

HUMANITAS CONTRA BELLUM
Menschheit gegen Krieg

Mehr Rüstung für unsere Sicherheit,
das sind die verlogenen Parolen.
Und wenn das Volk, noch nicht kriegsbereit,
wird ihm das Geld für die Rüstung gestohlen

Bei der Bildung müssen wir sparen,
Krankenhäuser schließen, zu teuer.
Sozialhilfen in den Keller gefahren,
Altersarmut wird zum Ungeheuer.

Wir brauchen nicht Kunst und Kultur,
wir brauchen immer mehr Waffen,
so schreien Bellizisten in einer Tour.
Kriege können Frieden nicht schaffen.

Wo das Volk verarmt, das Leben verrinnt
sind Rüstungskonzerne die Sieger.
Das wichtigste ist, das Leben gewinnt.
Kriege beenden, die Waffen nieder!

KRIEGSREGIERUNGEN

Die regierenden Bellizisten
fühlen sich wie Kriegsgötter,
sie machen alles ohne das Volk.
Selbstverliebt und
ohne Skrupel.
Sie halten ihr Kriegsgeschrei
für alternativlos und
mit geistloser Überheblichkeit
jede Erklärung für nutzlos.
Sie genießen die Unterstützung
der Rüstungsindustrie.
Mit dem Volk
reden sie nur noch
um ihr Verhalten zu sanktionieren.
Sehr oft sehe ich sie
in diversen Talkshows,
in denen sie sich als
Gutmenschen präsentieren und
sagen, dass ihre Entscheidungen
unumkehrbar sind.
Ihre Tätigkeiten,
verrichten sie routiniert,
weil sie sich der Zustimmung
sicher sind.
Sie fordern immer wieder,
schamlos,
unsere kritiklose Unterstützung.
Verantwortung
übernehmen sie nicht.

VERIRRUNG

Nach dem Ende des Friedens
hat sich das militärische Denken,
bei der Sicherung des Friedens
in der herrschenden Politik,
als alternativlose Möglichkeit
bezeichnet und die Gewinne
der Rüstungsindustrie,
über das Leben gestellt.

Vergessen die Erkenntnis,
die immer noch stimmt:
mit Waffen, kann kein Frieden entsteh'n.
Die Wahrheit ist,
Zuneigung, Verständnis und Liebe,
erhalten die Menschlichkeit
und das Leben,
über den Tod hinaus.

die sprache des friedens

dass sprache nicht von hass durchtränkt
und worte nicht zu gewalten werden
muss liebe in die sprache sinken
und muss menschenrede sein
urteilen wir nicht zu schnell
wenn unbekannt die gründe
wenn wer nicht auf unsere meinung fliegt
ist das kein grund dass man ihn nicht liebt

höret die wir gemeinsam leben
reichen wir uns die hände
sprechen wir mit menschlicher sprache
und die liebe öffnet ihre türen
der hass vergeht im ewigen all
wir müssen es nur alle wollen
wenn die sprache vom hass befreit
sind die menschen zum frieden bereit

DER GEIST DES MILITÄRS

Als der militaristische Geist
sich materialisierte,
erwachten die Kriege
der Gegenwart,
die einzige Alternative
welche den Zeitenwendern
einfällt.

Die Soldaten,
im Angesicht des Todes
ihr Leben zu erhalten,
wurden Teil der Tötungsmachinerie,
die sie nie gewollt:
Um sich nicht selbst
zu verlieren,
müssen sie in Schützengräben,
in die Todesgräben
der Befehlshaber.

In dieser Zeit,
bar aller Menschlichkeit,
ist das Böse erwacht.
Was immer auch passiert,
es strebt nach tödlicher Macht,
will ein Systhem errichten,
in dem die Liebe
ersticken muss.

WAS DAHINTER STECKT

Immer die gleiche Lügen,
dass Rüstung alternativlos sei,
das Volk will man betrügen,
damit es glaubt, es sei frei.

Jedes verlogene Argument,
Freiheit, Sicherheit, alle in einem Boot,
zeigt was uns von der Wahrheit trennt,
Kriege, Armut und Not.

Wer genau hinschaut, kann verstehen,
Wer den falschen Worten glaubt,
kann am Ende gut sehen,
wer Frieden und Freiheit raubt.

MUT UND HOFFNUNG

Ja, ihr Mitstreiter für gutes Leben,
braucht Mut für den Kampf jeden Tag.
Eine Kette aus Trauer und Glück:
gefesselt lässt die Zeit uns zurück,
wir müssen uns erneut befreien
oder im Schmerz der Zeit untergeh'n.
Die Chancen und der Verrat, schlecht verteilt,
in kühlen Hirnen und heißen Herzen,
es bleibt uns nur die eine Wahl
zwischen Werden und Vergehen.
Wenn wir die Chancen nicht nutzen,
werden wir die Zukunft nicht sehen.

Ist die Zukunft schon verloren?

Abzeichen der Freiheit unter Revers
versteckt,
die Reden ohne Zuversicht und sinnentleert,
unser Mut offensichtlich auf der Flucht
und wenn wir ihn nicht wieder einfangen
sind wir ohne Widerstand verflucht.

Darum hört den vielleicht letzten Ruf,
so ernsthaft wie alle Vorherigen.
Hört den Glockenschlag der Zeit,
wählt den Garten des Lebens,
mit seinen duftenden Blüten.
Gewehrläufe mit leuchtenden Nelken
werden zu Vasen des Friedens.

Tief verborgen – unsere Träume,
doch heißer Herzen Kraft,
lässt unsere Hoffnung leben.

gehorchen versus denken

ich stehe vor dem kasernentor
sehe wie aufgeregt soldaten sind
plötzlich rücken panzer vor
dass das kein frieden - sieht jedes kind
die panzer müssen rollen
sie schießen die straßen frei
an diesen kriegsmaschinen
kommt keiner vorbei

soldaten hören nur auf befehle
dummheit verschließt ihr ohr
böses dringt aus ihrer kehle
der hass springt deutlich hervor
die selbstgerechten generäle
befehlen wie dumm es auch sei
die truppe sturer militaristen
lasst keinen menschen vorbei

vor dem kasernentor war ich einer
habe friedenslieder gesungen
jetzt weiß ich wie sonst noch keiner
wo die friedenslieder verklungen
ich wäre lieber zu hause
doch das heim wird gemieden
und auch jede friedensklause
ich kämpfe für den frieden

DIE FRIEDENSFREUNDE SIND NICHT MÜDE

Komm mein Freund, ein altes Ziel
noch nicht erreicht, jetzt wird es Zeit.
Ab morgen sind wir nicht mehr still,
komm mit und reih' dich mutig ein
und freundlich wird die Zukunft sein,
weil jeder von uns Frieden will.

Die Friedensfreunde sind nicht müde,
sie kämpfen weiter und werden mehr.
Sie hatten viele schwere Zeiten,
doch ihr Hoffnungskorb ist noch nicht leer.
Die Bellizisten schreien immer weiter,
sie lügen mehr als jemals zuvor
Der Ruf nach Waffen wird immer lauter
und täglich fordern sie mehr.
„Wir kämpfen weiter und werden mehr".

Komm mit mein Freund,
wir müssen es selber erkämpfen.
Ab morgen wartet der Frieden auf uns.
Komm mit gegen mächtige Feinde.
So still wie bisher wollen wir nie mehr sein,
den Frieden erringt niemand allein.

Die Friedensfreunde sind nicht müde,
sie kämpfen weiter und werden mehr.
Sie hatten viele schwere Zeiten,
doch ihr Hoffnungskorb ist noch nicht leer.
Die Bellizisten schreien immer weiter,
sie lügen mehr als jemals zuvor
Der Ruf nach Waffen wird immer lauter
und täglich fordern sie mehr.
„Wir kämpfen weiter und werden mehr".

Sieh' nur mein Freund, die Friedenssonne,
ein strahlendes Licht, eine bessere Zeit.
Ab morgen, endlich wird es Frieden geben.
Komm mein Freund, trink mit uns den Wein.
Unser Lebensmut - hart wie Felsenstein
Und siehe da, die Welt wird weiterleben.

Die Friedensfreunde sind nicht müde,
sie kämpfen weiter und werden mehr.
Sie hatten viele schwere Zeiten,
doch ihr Hoffnungskorb ist noch nicht leer.
Die Bellizisten schreien immer weiter,
sie lügen mehr als jemals zuvor
Der Ruf nach Waffen wird immer lauter
und täglich fordern sie mehr.
„Wir kämpfen weiter und werden mehr".

TÖTLICHE ALTERNATIVE

Das mächtigste Land in der EU
leistet keinen Beitrag zum Frieden,
es klappt die Bücher der Demokratie zu,
humanistisches Handeln wird vermieden.

Milliarden für Kriege und Waffen,
Atomraketen im Land stationieren.
Um das nötige Geld zu beschaffen,
muss man Sozialausgaben rationieren.

Marode Schulen, nicht renovieren,
Kulturprojekte nicht länger stützen,
die Gesundheitsvorsorge verlieren,
Waffen - die dem Frieden nicht nützen!

Milliarden für angebliche Sicherheit
werden dem Volk abgenommen.
Rüstung kostet unsere Friedfertigkeit.
Kriegstreiberei macht mich beklommen.

ZWEI SEITEN

Der Krieg
tötet den Frieden,
er mordet
bis der Frieden untergeht,
ihm Gewalt angetan wird.

Der Krieg
gegen die Geflüchteten,
die Frieden nicht finden,
gegen die Hungernden
in reichen Ländern,
gegen die Wohnungslosen,
die Armen,
deren Not nicht endet,
bis sie gestorben.

Der Krieg
gegen die Verfolger
der Flüchtlinge und ihre Helfer,
gegen die Kriegshetzer,
die das Sterben verlängern,
gegen die Zustände
die den Frieden verhindern.

Dieser Krieg
für den Frieden, ist ohne Waffen,
aber – unerlässlich.

versprechen

über unserem heimatland
droht eine dunkle wolkenwand

und von braunem wind duchweht
dunkle zukunft vor uns steht

penetrant ist das geschrei
dass nur mit waffen frieden sei

morgens wenn ich kaffe trinke
meinen kindern zur schule winke

werd ich von der wolkenbank
an kopf und herz ganz krank

durch einen bösen raketendeal
wird die heimat zum angriffsziel

meine kinder sollen leben
ohne waffen nach frieden streben

ich sage euch friedlich ins gesicht
meine kinder – geb ich nicht

WENN EIN GENERAL TRÄUMT

Was träumt ein General, wenn die Toten
                              kommen?
Was denken tote Soldaten in der Nacht?
Zogen sie ängstlich in die tödliche Schlacht?
Befehle haben ihnen das Leben genommen!

Der General – im Gegensatz zu den Soldaten,
lebt weiter und hat kein schlechtes Gewissen
und er hat niemals seine Träume verraten.
Krieg ist des Generals traumhaftes
                              Ruhekissen.

Doch hin und wieder, an manchen Tagen,
wenn die Träume ihn zum schwitzen
                              gebracht,
erfasst ihn eine quälende Ungeduld.

Und er beginnt sich ängstlich zu fragen,
was er mit den toten Soldaten gemacht
und er erkennt seine ungeheurere Schuld.

DIE ALTERNATIVE IST DIE LIEBE

Kein noch so wilder Sturm treibt meine Liebe
aus meinem Herzen fort. Die unmenschlichen
Sprüche der Kriegstreiber werden immer
lauter.
Der Frieden ist schon lange bedroht.
Zerstörte Häuser, schreckliche Ruinen.
Kriegsbefürworter reden vom Heldentod.

Nie vergessen will ich die Täter,
die unmenschlich das sterben betreiben
und die Rüstung eine Zeitenwende nennen.

FRIEDENSTAUBE

Nach apokalyptischen Kriegen,
lasst die Friedenstaube frei,
dass sie unbesiegbar sei,
muss sie für die Menschheit fliegen.

Keiner soll sterben in Kriegen?
Für den Frieden fliegt die Taube.
Das ist Wissen - kein Glaube,
die Taube wird den Krieg besiegen.

was kostet der frieden

und plötzlich hat europa
ein kriegsgesicht
leidend – verzweifelt
der herr der sense hält gericht

die mit kriegsmaschinen drohen
wollen frieden mit dem tod
lebende werden kanonenfutter
sterbende rufen ihre mutter

soll das der preis für den frieden sein?

mahnende stimmen
warnen vor weltkriegsgefahr
doch immer wieder wählen
unbelehrbare den krieg

friedensträume zerplatzen
im feuer der raketen und bomben
doch die liebe küsst
die friedliebenden

ich setze auf die liebe
der zukunft licht

HEIMKEHR

Der Krieg ist endlich zu Ende,
die Städte stellen Ruinen aus.
Traurig bin ich, mir zittern die Hände,
Trümmer sind jetzt mein zu Haus'.

Meine Augen blicken ins Leere,
die Heimat erkenne ich nicht,
doch wo ich zukünftig verkehre,
leuchtet ganz friedlich ein Licht.

Frieden macht mich trunken,
weil mir eine Zukunft lacht.
Friedlich in den Schlaf gesunken,
am Morgen lachend aufgewacht.

MILITÄRISCHE AUFRÜSTUNG UND SOZIALER
RÜCKSCHRITT
SIND DIE DÜNGEMITTEL FÜR DIE BRAUNEN
GIFTPFLANZEN
IM MUTTERLAIB DER STERBENDEN
DEMOKRATIE.

UNSERE KINDER SOLLEN LEBEN

Glücklich bei der Geburt unserer Kinder,
schöne Zeit wo man sie aufwachsen sieht,
sie behütet, damit ihnen nichts geschieht.
Und plötzlich erwachen die Kriegserfinder.

Und wieder will Deutschland Großmacht sein,
erneut wächst die Rüstungsindustrie.
Menschen an Grenzen behandelt wie Vieh.
Der Politik fallen nur Militärlösungen ein.

US – Raketen machen uns zum Zielobjekt.
Politiker liegen nicht im Schützengraben,
müssen Kanonenfutter in Schulen anwerben.

Wir wehren uns gegen das Kriegsprojekt
und wollen nach Friedensverträgen fragen.
Unsere Kinder sollen leben – nicht sterben!

FRIEDENSBLUMEN

Aus des Schlafes Tiefen,
steige ich fröhlich in den Tag,
der Garten erwacht im Hag,
in dem die Blumen schliefen.

Wo so herrlich der Tag erwacht,
muss ein Stück Frieden sein,
in die Herzen dringt Liebe ein,
alle Welt freut sich und lacht.

Stellt sich erst der Frieden ein
und Menschlichkeit erwacht,
haben die Kriege ausgespielt.

Alle werden Geschwister sein,
was eine Familie ausmacht,
die sich wie Frieden anfühlt.

POLITIK
GESELLSCHAFT

*WER DIE ZUKUNFT VERSCHLÄFT WIRD
IN DER VERGANGENHEITAUFWACHEN*

was wir nicht wissen

wer weiß denn schon was nach uns ist
wer von uns kann ein hellseher sein
dass unser tun die zukunft auffrisst
ist etwas das man gerne vergisst
das wird nicht zu bestreiten sein

wir wissen was in vergangenheit war
doch haben wir oft schon vergessen
wie groß die unmenschlichkeit war
wir sahen die not deutlich und klar
haben wir das alles schon vergessen?

wer weiß denn schon was nach uns ist
ob zerstörte natur oder tödliche kriege
ob waffengewalt den frieden erschießt
oder hass die menschen auffrisst
doch wir wissen - tote erringen keine siege

DIE WARE - MENSCH

Zerfallen manche Lebensträume,
Staub und Schmutz auf allen Dingen,
Zukunftsbilder die zerspringen,
trostlos die verlassenen Räume.

Das alte Kaufhaus ist geschlossen,
hier in verlorener Einsamkeit,
verklingen Lieder der Vergangenheit,
die in Kanäle des Vergessens geflossen.

Leere Regale, letzte Reste verrotten,
längst ist alles zu Staub zerfallen,
die von sozialer Gerechtigkeit lallen,
versorgen nur die hungrigen Motten.

Hinter fest verschlossenen Türen,
wurden die Angestellten entlassen,
werden wie immer, alleine gelassen,
jetzt können sie Kapitalismus spüren.

SOLIDARITÄT

Der Gewerkschafter, mein Kollege,
ist stolz auf die Solidarität,
weil sie mutig und stark macht.
Den Stolz im Herzen,
ein Lachen im Gesicht.

Die Kolleginnen und Kollegen
um die er lange kämpfen musste,
bis er sie überzeugen konnte,
bekommen seinen Dank.

Vom Transparent,
das er am 1. Mai trägt,
leuchtet die Losung
„Gewerkschaften für den Frieden".

Ihm könnt ihr folgen,
mit Zuversicht,
ohne Angst.

WER DIE WAHRHEIT SUCHT,
MUSS DAS GLAUBEN VERGESSEN.

Korruption in der Ukraine ist etwas anderes,
als Korruption in einer UN Hilfsorganisation.

Im ersten Fall werden weiter Waffen geliefert,
im zweiten Fall wird die Hilfe für Hungernde
beendet.

Im ersten Fall sterben die Menschen durch
Waffen,
im zweiten Fall sterben die Menschen weil sie
verhungern.

Im ersten Fall nennen wir das, Hilfe im
Freiheitskampf,
im zweiten Fall nennen wir das, Hilfe beim
Terror.

Im ersten Fall ist die Korruption Teil des
politischen Systems,
im zweiten Fall scheint sie den Völkermord zu
erlauben.

Im ersten Fall nennt man Korruption ein
Vergehen,
im zweiten Fall nennt man Korruption ein
Verbrechen.

Und die Moral von der Geschicht',
moralisch ist das alles nicht.

HOCHMUT KOMMT VOR DEM FALL

Der Politiker Hochmut
ist ihre fehlende Empathie,
kein Verständnis, keine Wahrnehmung,
zu haben,
unfähig die Empfindungen
und Bedürfnisse der Menschen
zu erkennen.
Wer die Gedanken und Wünsche
seiner Mitmenschen
nicht hört, nicht nachfühlen kann,
kennt keiner Verantwortung.
Sein Hochmut
kommt vor dem Fall.
Hochmut und Arroganz
führen mit Selbstgerechtigkeit
in den Untergang.

ZEITENWENDE

Glücklich sind wir durchs Leben gekommen,
Frieden hatte gegen den Krieg gewonnen,
überwunden Kummer und Not.
Plötzlich ist der Frieden abhanden
                              gekommen,
Militärs haben die Macht übernommen,
am Horizont winkt mit der Sense der Tod.

Wir werden die Menschlichkeit verlieren
durch tief klaffende Gräben marschieren,
der Tod wird mit uns rennen.
In diesen unmenschlichen Zeiten,
müssen wir für den Frieden streiten,
bevor wieder Menschen verbrennen.

EINMISCHUNG

Nach der Sicherheitskonferenz,
als ich mich fragte:
Warum nicht Frieden?
Das sterben ist grausam,
niemand
kann den Krieg gewinnen.
Sind nicht genug Menschen
gestorben.
Niemand hat Schluss gesagt,
zu weiteren Waffenlieferungen.
Ich weiß nicht,
was mich das angeht,
in diesem Moment,
viele Kilometer entfernt
vom schrecklichen sterben.
Dennoch will will ich mich
einmischen.
Ob es hilft,
weiß ich nicht.

Die Ballade von der Ampelkoalition

Es war eine politische Koalition,
dreifarbig wie eine Ampel,
sie sprach nicht mit einem Ton,
ihr Tun war oft Gehampel.

Sie stritten um Wachstum und Geld,
an das Volk wurde nicht gedacht,
ihr ging´s nicht um das Wohl der Welt,
ihr ging es um die Macht.

Schon in Wahlkampfzeiten,
konnten sie Versprechen verbreiten,
und als die Wahlen vorüber,
wurden die Zeiten schnell trüber.

Da war der große Ampellenker,
mit seinen Versprechen am Ende,
er machte einen politischen Schlenker
und nannte es - Zeitenwende.

Damit schaltete er die Kritiker aus,
doch dafür bekam er wenig Applaus.
Seine Vasallen redeten ihm ein,
Deutschland soll der Führer Europas sein.

Doch er schwätzte ohne etwas zu sagen,
überall und im hohen Haus,
am Ende bleiben nur Fragen
die Antworten saß er unberührt aus.

„Wer Führung will, der wird sie bekommen",
so sagte er schnell und unbesonnen.
Seine Führung braucht militärische Macht,
jetzt wird ein Rüstungswettlauf entfacht.

„Unser Kampf", sagen Ampel und Opposition,
„gelingt nur durch Kriegstauglichkeit".
Über den Frieden hört man keinen Ton,
man hofft auf auf ein Volk, das opferbereit.

Jetzt manövern sie von Land zu Land
Militäreinsätze, angeblich für den Frieden
und reichen dabei dem Tod die Hand,
am Ende wird geschieden.

Dann fordern sie Raketen noch,
die große Reichweiten haben.
Sie denken nicht und handeln doch
um den Krieg in die Heimat zu tragen.

Und als der Krieg im dritten Jahr,
keine Hoffnung auf Frieden war,
wollten manche den Krieg einfrieren
und Frieden - ohne zu verlieren.

Die Politik der Ampel ohne Vernunft,
hält weiter am Militarismus fest.
Rüstung tötet Menschen und Zukunft,
obwohl sich das kaum glauben lässt

Doch eines Tags ist endlich Schluss,
im Krieg verhallt der letzte Schuss.
Soldaten ziehen die Uniform aus,
werfen die Waffen weg und gehen nach Haus.

Hoch über'm Trümmerfeld die Vögel singen
mit herrlich fröhlichem Klang,
Kinder mit glücklichem Springen,
fangen mit dem Leben an.

Wer weiß, wo jetzt die Ampel bleibt?
Die Menschlichkeit allein beschreibt,
was sie nach dem Kriege sah,
„den Frieden – den Sternen nah".

„Es sei", sprach sie, „gewiss kein Traum.
Sie können ihn von nun an sehen,
von Land zu Land im Weltenraum,
den Frieden spazieren gehen".

Nie mehr eine politische Koalition,
dreifarbig wie eine Ampel,
sie sprach nicht mit einem Ton,
ihr Tun war oft Gehampel.

Sie stritten sich um Wachstum und Geld,
an das Volk wurde nicht gedacht,
ihr ging's nicht um das Wohl der Welt,
ihr ging es um die Macht.

lebensnotwendig

so wie die biene nektar saugt
aus blühenden blüten
so wie vögel ihre eier brüten
wird ihnen das leben erlaubt

so wie der mensch zur arbeit geht
um sich selbst zu erhalten
und sein leben zu verwalten
in dem er selbst zu sich steht

dem arbeiter muss es wichtig sein
seinen wert zu erkennen
und dass er ehrlich entlohnt

lässt er sich auf dies leben ein
muss er für seine ziele brennen
damit die kapitalisten enttrohnt

die letzte generation

auf autobahnen fließt aus blech ein strom
drin sitzen menschen vom stau gequält
es begleitet das band ein apokalyptischer ton
der von einer sterbenden welt erzählt

auf dem land eine gefährliche hitze
sterbende tiere – menschen verbrannt
es folgen gewitter starkregen und blitze
hochwasser zerstören das land

die menschhen schaufeln ihr eigenes grab
wollen heute nicht an die zukunft denken
verjubeln was mutter natur ihnen gab
werden der kinder zukunft versenken

die natur wird vom fortschritt überholt
und blind in den untergang gefahren
die erde wird mit asphalt besohlt
und das schon seid vielen jahren

wenn alle gletscher verschwunden
die zivilisation im hochwasser dahingerafft
wenn der tod das leben überwunden
dann hat das wachstum uns geschafft

die erde wird sich ohne uns weiterdrehen
vermutlich kalt – ein lebloser stein
das alles kann in zukunft geschehen
die letzte generation wird die letzte sein

WAS UNS NICHT GEZEIGT WIRD

Man zeigt uns wie in der Fremde ein Haus
                              zerbricht,
dass Menschen bei uns ohne Wohnung leben,
                              zeigt man uns nicht.
Wir geben Milliarden für Waffen überall in der
                              weiten Welt,
für Schulen, Infrastruktur und Altersarmut
                              haben wir kein Geld.

Man zeigt uns wie eine Welt an Krieg und Elend
                              zerbricht,
dass das eigene Volk das bezahlen muss,
                              zeigt man uns nicht.
Wir verteidigen das Eigentum, den Besitz einer
                              ungleichen Welt,
Jahresgehälter über 10 Millionen und dem Volk
                              fehlt das Geld.

Das führt dazu, dass Moral, Solidarität und Liebe
                              zerbricht,
dass dadurch der Faschismus sich erhebt,
                              zeigt man uns nicht.
Der Untergang des kapitalistischen Modells dieser
                              Welt,
ist Ergebnis der Raffgier und die unmenschliche
                              Jagt nach Geld.

DIE STADT

Tief im Kopf, das Summen der großen Stadt,
im Auge, blitzende Lichter in schlafloser
                                    Nacht.
Was hat die Stadt unmenschlich gemacht?
Ist es weil Profit die Macht übernommen hat?

Verführerisch ist der Konsumtempel Licht,
da stören Bedürftige mit verzweifelten
                                    Blicken.
Obdachlose schlafen unter dunklen Brücken.
Sozial ist die große Stadt mit Sicherheit nicht.

Die Nase riecht der Blechlawinen Abgasduft,
Bronchien haben mächtig zu kämpfen,
das Klima treibt zum jüngsten Gericht.

Und ächzen Städte unter belasteter Luft,
verharren Parteien in politischen Kämpfen,
Lösungen für die Probleme haben sie nicht.

GREIFVÖGEL

Greifvögel ziehen von Osten her,
die Federn blau, das Denken braun.
Ja, so sind die Faschisten anzuschau'n.
In Europa werden sie immer mehr.

Immer öfter, in enttäuschten Schichten,
hört man ihre dogmatischen Sprüche,
dass Fremde Deutschland vernichten.
Ihr Programm ist eine Hexenküche.

Hilflos reagiert die Politik darauf,
spricht von der Rettung der Demokratie,
ihre eigenen Fehler sehen sie nie.
So hält man den Faschismus nicht auf!

FÜR DIE IMMIGRANTEN

Unbekannt und fremd, ein Niemandsland.
Grenzzäune und Lager, das Zufluchtsland.
Erster Eindruck: Vorschriften, Arbeitsverbot,
Glück, wenn keine Abschiebung droht.
Ein zartes Pflänzchen das Hoffnungslicht,
aber Heimat – Heimat ist das nicht.

Als in ihren Ländern Krieg ausgebrochen,
sind Tod und Elend aus ihren Löchern
                              gekrochen.
Menschenrechte gebeugt und eingefangen,
die Sänger verstummt, die Freiheitslieder
                              sangen.
Schrecklich ist, wenn man dann sieht,
was mit heimatlosen Menschen geschieht.

Andere Menschen, eine andere Kultur.
Fremdenfeinde tönen, sie stören nur.
Weil sie ihre eigene Geschichte haben,
sollen sie unsere kennen - ihre nicht
                              begraben.
Dass sie nicht ihr Leben lang Tränen
                              vergießen
müssen wir Menschen als Menschen
                              begrüßen.

Unbekannt und fremd, ein Niemandsland.
Grenzzäune und Lager, das Zufluchtsland.
Erster Eindruck: Vorschriften, Arbeitsverbot,
Glück, wenn keine Abschiebung droht.
Ein zartes Pflänzchen ein Hoffnungslicht,
aber Heimat – Heimat ist das nicht.

ES SIND MENSCHEN

Es sind flüchtende Menschen,
sie kommen aus vielen Ländern,
Mütter, Väter, Großeltern,
mit ihren Kindern.
Was haben wir uns zu sagen?
Auch die Unbekannten schweigen.
Wir sagen uns nichts
und schweigen gemeinsam
in der rauen Luft der Festung Europa.
Abgeschottet, verschlossen,
die Grenzen der erhofften Freiheit.
Unwillkommen, aussehend wie Menschen,
keine exotischen, seltenen, Tiere,
aber unerwünscht.

Es riecht nach „UNMENSCHLICHKEIT".

PHILOSOPHISCH

**DIALEKTIK IST
WENN MITBESTIMMUNG
DURCH SELBSTBESTIMMUNG
ABGELÖST WIRD**

ZEIT & EWIGKEIT

Du glaubst, es verrinnt die Zeit,
aber sie ist Teil der Ewigkeit.
Ein Moment, der vergeht,
ist Teil der Zeit, die ewig besteht.

Was für einen Augenblick zu sehen,
wird im Universum vergehen.
Der Mensch, die Natur, die ganze Welt,
ist in den Raum der Zeit gestellt.

Der Mensch im All – ein Körnchen nur,
ist Staub im Kreislauf der Natur.
Und rennt er auch im Dauerlauf,
er hält die ewige Zeit nicht auf.

Du glaubst, es verrinnt die Zeit,
aber sie ist Teil der Ewigkeit.
Lass dich von der Zeit nicht treiben,
du vergehst, die Zeit wird bleiben.

DIE UNSTERBLICHE ZEIT

Rasend schnell vergeht die Zeit,
das Heute ist morgen Vergangenheit.

Aber so ist sie nicht – die Zeit,
nur wir sind morgen Vergangenheit.

Die Zeit ist endlos in ihrem Lauf,
nur das Leben hört einmal auf.

Wir nehmen Teil an ihrem Lauf,
sie läuft weiter - wir hören auf.

Zeit ist der Kreis in dem wir treiben,
es lässt sich nicht anders beschreiben

Ich versuche die Zeit zu vertreiben
und will noch eine Weile bleiben.

VON DER WISSENSCHAFT DER IDEEN

Als Aufmüpfiger wurde ich stigmatisiert,
weil ich dem Mainstream widerstand,
in Wahrheit ist mir nicht viel passiert,
weil ich immer kluge Verbündete fand.

Zumeist bin ich kritisch und frage nach,
bevor ich mich auf Standpunkte einlasse.
Ich sperre mich gedanklich in ein Gemach,
um nicht zu irren, in unkluger Masse.

Wer meine Meinung nicht für richtig hält,
Populisten, die mich ideologisch nennen,
haben ihr subjektives Vorurteil gefällt,
weil Populisten die Objektivität nicht kennen.

Meine Aufmüpfigkeit nennt man Ideologie,
will mich durch eine böse Brille sehen.
Dumme Unterstellungen treffen mich nie,
Ideologie ist die Wissenschaft der Ideen.

GLAUBEN UND WISSEN

Hat das Universum ein Ende?
Gibt es gedankliche Sicherheit?
Hat das System eine Endlichkeit?
Erreichen wir die Klimawende?

Das sind Fragen die mich treiben.
Ich möchte darauf Antworten haben,
nicht dumm durch die Zeiten traben,
kein falsches Weltbild beschreiben.

Darum fange ich das Suchen an,
will wissen was mit mir geschieht,
ich brauche immer einen Beweis.

Glaubend kommen wir nicht voran,
weil man so die Wahrheit nicht sieht.
Ich glaube nur das - was ich weiß.

DIE ZWEI SEITEN

Die Menschen haben zwei Seiten
in ihrem irdischen Leben:
die eine Seite – ist das Wollen
und die andere das Können,
jede muss an der anderen kleben.

Das Wollen ist zu begrüßen,
wenn es gut und richtig ist,
doch man muss es auch können
sonst ist es am Ende – nur Mist

Das Rezept mit den zwei Seiten,
sie müssen immer zusammen geh'n,
wenn sie um gemeinsame Ziele streiten,
wird man am Ende das richtige seh'n.

die bücher

bücher sind aufgeschriebene gedanken
auch wenn sie sich um utopien ranken
vergangenheit und gegenwart sich ergänzen
des geistes spiel kennt keine grenzen

dem hellen tag folgt dunkle nacht
in der die geisterwelt immer neu erwacht
in dieser welt wohnen zwerge und riesen
gemeinsam in frieden auf bunten wiesen

mit den geistern will ich tanzen und singen
mit freude den neuen tag beginnen
nach friedlicher nacht den hass besiegen
und immer wieder in den himmel fliegen

sind auch die bücher geschriebene fantasie
der wunsch nach frieden ändert sich nie
die gesammelten gedanken zu lesen
ist immer meine größte lust gewesen

bücher sind aufgeschriebene gedanken
auch wenn sie sich um utopien ranken
vergangenheit und gegenwart sich ergänzen
des geistes spiel kennt keine grenzen

plötzlich selbst betroffen

man hört dass viel hässliches passiert
oft trifft es die anderen - plötzlich dich
manchmal dauert es – bis man das kapiert
es kann jeden treffen – man wundert sich

früher hast du dir keine gedanken gemacht
das hässliche war oft weit weg von dir
jetzt hat es dir plötzlich unheil gebracht
schon schwenkst du vom ich auf das wir

du möchtest zurück - was du verloren
du willst dein leben wie es einst war
du wünscht dir – dass du neu geboren
doch nur zusammen - das wird dir klar
ist man stark genug es hilft kein klagen
nur empathie hilft – ohne zu fragen

SONNET VON DER IDEOLOGIE

Wer linke Politik ideologisch nennt,
glaubt im Besitz der Wahrheit zu sein,
bildet sich darauf eine Menge ein,
weil er die Regeln der Politik nicht kennt.

Politik ohne Ideologie gibt es nicht,
weil sie keine Werte zum Inhalt hat.
Ohne Ideologie ist Politik fad und glatt.
Wer ohne Ideen ist, ist auch ohne Pflicht.

Ohne Ideen keine Politik gelingt.
Wo Ideologielosigkeit zur Ideologie wird,
verkommt die Wissenschaft von den Ideen.

Wer mutig aus der Ideenlosigkeit springt,
sich nie in eine Welt ohne Ideen verirrt,
der kann die Welt ohne Scheuklappen sehen.

NATUR & HEIMAT

WER DIE MORGENSONNE SIEHT,
HAT DIE DUNKELHEIT HINTER SICH.

verspätung

schneeflocken
kristalle mit sechs ecken
die sich im schneekleid finden
sich in diesem verstecken
und zu firn verbinden

winterlandschaft
wer diese entdeckt
sieht eine weiße welt
in der alles zugedeckt
manchmal von sonne erhelllt

wintersonne
bescheint blattlose bäume
dann plötzlich erwacht die natur
blüten brechen durch träume
der himmel wird azur

der schnee
wird am ende vergeh'n
wenn der frühling kommt
weil wir nicht alles versteh'n
fragen wir vorwurfsvoll – prompt

wo warst du so lang'
komm – mach zu
du bist spät dran

WENN WIR ES WOLLEN

Herrlich wieder am Meer zu sein,
mit den Füßen im Wasser stehn
und in gischtender Brandung,
Wasserspiele mit Sand zu sehn.

Mit den Wellen rauschen,
Sonnenschein, Wasser und Wind,
der Sprache des Meeres lauschen,
bis die Träume Wirklichkeit sind.

Und es breitet sich Ruhe aus,
ergreift unser Denken und Fühlen.
In des Meeres friedlichem Badehaus
kann man den Hass abspülen.

Muss man sich denn immer streiten,
vergessend wie schön das Leben ist,
Warum lassen wir uns auf Lügen ein,
in denen man sich selbst vergisst.

Lieber mit den Wellen spielen,
statt auf vermeintliche Feinde zielen.
Wir lassen uns auf uns selber ein
und wollen frei wie die Meere sein.

FASZINATION

Gewaltig, faszinierend,
berühren die Bergspitzen
den Rand des Himmels,
unter sich schroffe Grate
und grüne Täler,
in die Landschaft gegraben.

Gewaltig, faszinierend.
Der Blick schweift über Felsen,
über tiefe Täler.
Unter blauem Himmel,
ehrfürchtige Menschen.

Berge erwarten Wanderer,
sportliche Alpinisten,
die erwärmt von Anstrengung
und Sonne, den Gipfel erreichen
und eine Bergwelt erleben:
Gewaltig, faszinierend.

vor dem gewitter

in bunten wiesen insekten summen
blüten versprühen süße düfte
sonne strahlt und hummeln brummen
lerchengesang erfüllt die lüfte

die stimme der natur eine wonne
den waldboden bedeckt das moos
alles was lebt genießt die sonne
in des blauen himmels schoß

am abend dunkle wolken steigen
der sommertag wird zurück gerollt
aus vogelsang wir plötzlich schweigen
wenn im himmel ein gewitter grollt

immer wieder

der sommer ist alt nun - zu ende,
blickt traurig auf verronnene zeit
jetzt beginnt die zeitenwende
der herbst steht schon bereit
seine farben malen vergangenheit

das jahr geht langsam zu ende,
die tage werden dunkel und kalt
wir reiben zum wärmen die hände
das jahr vergeht - es wird alt
die natur verwandelt ihre gestalt

frühling wird den winter beenden
so ist der kreislauf der natur
er wird leben ins neue jahr senden
das ist die natürliche kultur
vergehen und entstehen in einer Tour

die liebe der alpinisten

im späten sonnenlicht erstrahlen
die bergesgipfel im alpenglühen
kiefern ihren duft versprühen
dies schöne bild möchte ich malen

felsige berge lieb ich inniglich
sie scheinen aus tälern zu springen
die menschen ihnen lieder singen
und deren klang ist heimatlich

hohe grate steile flanken
der alpinisten anspruch und glück
mut und hoffnung will ich danken
so oft ich kann – komm ich zurück

GEDANKEN BEIM GEWITTER

Die Wolken jagen durch den Himmel,
wie gehetzt und auf der Flucht.
Auf Erden aufgeregtes Gewimmel,
ein jedes Wesen Unterschlupf sucht

Manchmal sind Wolkenbilder zu seh'n
Schlösser aus vergangenen Zeiten.
Verzaubert wir vor den Bildern steh'n,
die uns durch die Geschichte begleiten.

Wind zerreißt die fantastischen Bauten,
über den Himmel feurige Blitze fegen.
Die Zeit in die wir träumend schauten,
versinkt im strömendem Gewitterregen.

WO ICH GERNE BIN

Ich bin so gerne an rauschender See,
wo ich meine Träume verwirklicht seh'.
Muscheln übersäen den Strand,
es wärmt die Sonne den Sand,
über den ich mit bloßen Füßen geh'.

Ich bin so gerne auf manch hohem Berg,
wo ich mich fühle - klein wie ein Zwerg.
Die Jugend, Vergangenheit, vorbei,
doch ich liebe das Leben und bin frei,
Freundschaft ein gemeinsames Werk.

Ich bin so gerne in blühenden Wiesen,
wo ich einst die Liebe gepriesen,
mit einem Kuss im Blütenduft.
Glücksgefühle, herrliche Sommerluft,
die Liebe ist einzig, das ist erwiesen.

Ich bin so gerne zwischen den Reben,
immer dem Genuss nachzustreben,
damit er mein Dasein beglückt,
schön und bunt – manchmal verrückt,
da bin ich gerne in meinem Leben.

GEISTER DES FRIEDENS

Strahlend weiß die Gipfel ragen,
weite Hänge dick verschneit.
Die Natur trägt ihr Winterkleid,
erinnert an verwunschene Sagen.

Im Haus zündet man Kamine an,
still scheint der Mond auf den Hang.
In den Herzen klingt ein Gesang,
mit friedlichem und mutigem Klang.

Bergflanken, Gipfel, Täler so tief,
verschneite Bäume sehen schön aus.
Die Geister des Friedens, die ich rief,
locken mich in die Berge hinaus.

DIE ECKKNEIPE

In der Kneipe an der Eck,
konnte man Gemeinschaft erfahren,
jetzt brechen die Besucherzahlen weg,
die Zahl der Gäste sinkt seit Jahren.

Skatrunden sind leider Geschichte,
Doppelkopf spielt niemand mehr
und es fehlen kleine Gerichte,
Rollmops und Brathering fehlen sehr.

Spielautomaten, zerstörte Gemütlichkeit,
freundliche Gespräche verstummen.
In vielen Geldbörsen herrscht Magerkeit,
das Leben verschlingt riesige Summen.

Es gibt den Wunsch nach Vergangenheit.
Zurück, das ist nur ein kleiner Schritt.
Ich hoffe, man ist zur Umkehr bereit
und die Eckkneipe kommt bald zurück.

FRÜHLINGSBOTEN

Ein Forsythienzweig, goldblühender Frühling,
sonnengelber Bote der ewigen Natur,
den schnitt ich im erwachenden Garten
und stellte ihn in eine Vase mit Tulpen.
So begrüßte ich den Frühling mit Blüten
aus meinem blumenduftigen Hag.

Ich erinnere mich des Winters Kälte,
verschneite Felder, zugefrorene Teiche,
rauchende Kamine im Bergischen Land.
Unter farb wechselndem Himmel
schneebedeckte Dörfer und Städte.

Hoffnungslos wären die Menschen,
ohne die winterliche Wartezeit
in weiß verschneiten Landen,
ohne die erwachende, blühende, Natur.
Goldener Forsythienzweig,
du Freude spendende Schönheit
erwachender Frühlingsboten.

frühlingserwachen

das jahr beginnt mit blütenpracht
der winter ist vorbei
hat die erde sauber gemacht
die pflanzen wachsen sich frei

die menschen gehen aus dem haus
den frühling zu begrüßen
aus verstecken kommt die maus
achtung - katzen auf leisen füßen

das leben kocht wie schäumende milch
lässt herzen fröhlich lachen
und trauer - die fällt aus

der frühling stimmt uns friedlich
wenn wir am morgen erwachen
grüßt uns ein bunter blumenstrauß

mit charme und mut

ein müder tag allmählich vergeht
zur ruhe kommt er in der nacht
ein mensch der nach liebe fleht
ist vor kummer aufgewacht

morgens wenn der tag aufsteht
mit frischer neuer kraft
der liebeskranke vielleicht versteht
wie der neue tag – neue liebe schafft

der mensch der die natur begreift
muss sich darauf besinnen
wer sich auf das flehen versteift
kann die liebe nicht gewinnen

freundlich voran mit charme und mut
ausgeruht nach erholsamer nacht
fühlt nicht nur der tag sich gut
mit charme und mut die liebe erwacht

sonnet vom wald

Wenn ich durch den wald spaziere
höre ich flüsternde bäume
dann denke ich – ich träume
und höre vögel und andere tiere

über dem bachlauf der nebel steigt
in ihm erscheinen elfen und geister
die natur ist ein malermeister
der die bilder der fantasie aufzeigt

am boden waldgras und moose
dazwischen blühende blumen
die wege im wald – wunderschön

es leuchtet der hagebutten rose
und glöckchen - blaue blumen
geh' in den wald – du wirst es sehn

auch diese worte werden vergeh'n

oft schon habe ich gehört
dass man überall im land
unglaublich viele autobahnen baut
obwohl man damit natur zerstört

in vernichteter natur baut man straßen
für immer größere blechlawinen
das ist nur noch damit zu erklären
man will die profite bedienen

nach gesunder und friedlicher zeit
beginnt der unaufhaltsame untergang
mit einer solchen politik
fängt das ende der menschheit an

wenn politiker reden - hört man worte
mit denen sie änderung versprechen
dass haben sie bald schon vergessen
gedächtnisschwund ist kein verbrechen

das ist keine erfundene Geschichte
und auch kein text für die ewigkeit
wenn es kein morgen mehr gibt
verschwinden die texte mit der Zeit

ZIRBENZAUBER

Ein Zapfen der am Berg wachsenden Zirbe,
schön geformter Samenhalter des Waldes,
liegt vor mir auf meinem Küchentisch,
verströmt seinen harzigen Duft
in meine aufnahmewillige Nase.

Ich reise in meinen Traumgedanken
über steile Flanken, durch Sturm und Regen,
durch schneebedecktes Alpenland
mit seinen wetterschweren Wolken.
Ein traumhaft schöner Weg.

Wie arm wäre mein Leben,
ohne die Reise in die Zauberwelt der Zirben
mit ihrem herrlichen, würzigen, Duft,
die mich betört wie streichelnde Luft
mit ihren fruchtsatten Zapfen.

der zeiten lauf

blühende blumen das ist der frühling
fröhlich klingt der vögel gesang
die natur ist eine große zauberin

schon klopft der sommer ans gartentor
die bauern haben die saat eingebracht
eine zeit des reifens steht uns bevor

die älteren spüren noch das schöne leben
die liebe fängt immer aufs neue an
die liebe lässt die jungen erbeben

in die welt reisen wir seit vielen jahren
die einen wollen endlich einmal ruhen
andere wollen lernen und neues erfahren

herbst ist wenn bäume ihre kleider färben
blätter sich von den zweigen lösen
glauben manche die natur würde sterben

in der winterzeit in schützender erde
im laub und manchmal unter schnee
wartet neues leben - dass es werde

die jahreszeiten sind wie ein lebenslauf
zeigen uns werden und vergehen
immer wenn altes fällt - steht neues auf

in meinem traumgarten

die blumen in meinem garten sind bunt
blaue hortensien neben roten rosen
in sträuchern blühen rosa mimosen
dahinter levkojen wie bälle so rund

in meinem garten wohnen liebe geister
aus bunten blumen ihre kleider sind
sperlinge und rauchschwalben im wind
die gartenvögel sind flugweltmeister

und wenn am abend zur blauen stunde
weißer nebelhauch in den garten zieht
ist die schöne natur in weiter runde
wie jedes geschöpf hört und sieht
mit den geistern in freundlichem bunde
wenn freude in alle herzen zieht

PERSÖNLICH

FREUNDSCHAFT MACHT SCHWERE ZEITEN LEICHTER

WARUM EIN LEBEN OHNE SONNEN

Warum ich schreibe, fragen Freunde
und zeigen auf der Kriege Trümmer,
ich frage, wer die wirklichen Feinde.
Rüstung bedeutet Krieg – wie immer.

Warum ein Leben ohne Sonnen,
wer zaubert den Frieden aus dem Hut?
eine friedliche Welt wird nur gewonnen,
mit Widerstand und unserem Mut.

Ich will nur eins - will Schreiber sein,
zu beleuchten meine Lebensgeschichte,
darum lass' ich mich auf das Leben ein.
Mein Mut erwacht – wenn ich dichte.

ICH HOFFE

Ich bin ein Schreiber,
bin erst spät aufgewacht.
Niemand entlässt mich aus meiner
Geschichte.
Ich bin verantwortlich!

Medien verbreiten Meinungen,
aber Wahrheit verschwindet nicht,
unser lebendiges Sein
bringt sie unaufhaltsam ans Licht.

Ich bin ein Schreiber,
wende mich dem Leben zu.
Fragen finden Antworten,
wenn sie immer wieder gestellt werden.

Ich schreibe was mich bewegt,
meine subjektive Wahrheit.
Ich hoffe, meine Texte sind
verständlich, inspirierend, unüberhörbar.

musikesperanto

musik ist die
universalsprache der völker
melodie und rythmus
müssen nicht übersetzt werden

töne jubeln
wenn sie musik werden
jeder erkennt die botschaften
wenn die töne klingen

verständnis umschwebt die welt
musik ist die sprache
musik ist aufruf und bitte
töne die jeder versteht

musik ist die sprache der liebe
esperanto für menschlichkeit

BESUCH

Freund Hein klopfte bei mir an,
ich war nicht zu Hause,
und er konnte nicht eintreten,
mich nicht mit schönen Reden einlullen.

Den Schrecken werde ich nie vergessen,
der mich erfasste, als ich nach Hause kam.
Meine Abwesenheit beglückte mich
und schenkte mir Lebenszeit.

Freund Hein mahnte ohne ein Wort
und ich gab Antwort ohne zu reden.

Was für eine vergängliche Zeit, nutze sie.

FREUNDSCHAFT

Manchmal habe ich Fragen,
wenn ich dich nicht verstehen kann,
dann bleibt mir nur dir zu sagen:
Mit Unverständnis fängt der Streit oft an.

Schon viele Jahre kenne ich dich,
kenne dein Verhalten, dein Denken,
du hast immer Verständnis für mich,
bei dir musste ich mich niemals verrenken.

Wenn Traurigkeit und Not mich quälen,
richtet dein Zuspruch mich wieder auf.
Ich fühle wie wertvoll Freundschaft ist.

Das ist es, ich kann immer auf dich zählen.
Unsere Freundschaft ist ein Marathonlauf,
bei dem du an meiner Seite bist.

nachruf auf einen freund

wenn er gestorben – bitte fröhlich bleiben
nicht versinken in trauer und leiden
weil sein tod nicht das ende ist
weiß ich dass man ihn nicht vergisst

die rückschau fängt mit dem begräbnis an
erinnert ihr euch noch daran
höfliche reden – versteckte lügen
die warheit in den letzten zügen

kein wort von fehlern und schwächen
nichts von exzessivem zechen
ohne hinweis auf seine ungeduld
auch nichts von ungesühnter schuld

die menschen die er manchmal kränkte
wenn er ihre meinung in die hölle drängte
das hat niemand in seinen nachruf gesetzt
das hat die glaubwürdigkeit verletzt

die – die zeitlebens zum verrat bereit
entdecken plötzlich seine großzügigkeit
und als gipfel sind zu erwähnen
die falschen – verlogenen tränen

nur bei echten freunden und alten genossen
sind am ende ehrliche tränen geflossen
nur wer die wahrheit aus den lügen geschält
hat ehrlich von seinem leben erzählt

VON DER UTOPIE ZUR WIRKLICHKEIT

Entschuldigt, wenn durch meine Worte
sich Dunkelheit verbreitet und kein Licht,
entschuldigt, meine Gedanken,
die ihr nicht sehen könnt.

Ich schreibe sie auf,
damit sie sichtbar werden.
In meinem Kopf, ungezählte Bilder,
dunkle Wolken mit Trauer und Hass,
aber auch Sonne mit Frieden und Liebe.

Berg und Tal, ein ewiges auf und ab,
wie die Wogen im Meer. So bin ich:
kraftvolle Liebe vertreibt den Hass
aus meinem Denken, dass ich
geborgen und sicher,
Herr über mich selber sein kann.

Utopien, wenn sie entstehen,
sind Sturmgebraus, Gewitterwolken,
Blütenduft und Sonnenschein.
So sind meine Texte.
Sie machen sich auf den Weg,
die Utopien von Frieden und Liebe,
Wirklichkeit werden zu lassen.

ausgeglichen

meinem hobby möchte ich mich ergeben
die ungelesenen bücher studieren
und mag um mich wer weiß was passieren
ich will die büchergeschichten erleben

so schaffe ich mir zum leben die räume
muss nicht pausenlos selber schreiben
zeit muss auch für anderes bleiben
sommergenüsse im schatten der bäume

der stress soll mich nicht zerreißen
mit ruhe will ich durchs leben geh'n
sonnenlicht und blauen himmel seh'n
und mit genuss in süße äpfel beißen

wenn mein leben schön und ausgeglichen
dann ist auch wieder zeit zu schreiben
unglück und ärger mag ich nicht leiden
böse worte werden durchgestrichen

entspannen

wenn ich im schwingendem dünengras sitze
die sonne spiegelt sich in wogender see
wolken formen eine märchenfee
berauschendes glück das ich besitze

die unruhige laute stadt hinter mir liegt
alle beschwernisse sind vergessen
sind nicht mit der wirklichkeit zu messen
weil alles durch meine fantasie fliegt

und lasse ich mich auf die stimmung ein
so kann ich mich entspannen
damit ich zur ruhe komme

die zukunft kann dann glücklich sein
wohlsein wird mich entflammen
wie im sommer die sonne

vom älter werden

ja - ich werde allmählich alt
die kraft lässt zunehmend nach
ich schau zurück auf mein leben
was ich gedacht – und oft versprach
die natur hält mich in ihrer gewalt
nur sie allein kann antworten geben

jede generation folgt der anderen nach
immer vorwärts niemals zurück
was das großelternpaar uns versprach
die ratschläge führten oft zum glück
ohne sie wären wir arme wesen
weit geht unsere erinnerung zurück
wir lernen die vergangenheit zu lesen

mahnungen oft in den wind geschlagen
dachten wir hätten alles besser gewusst
wir erkennen plötzlich in späten tagen
vieles war trauer zweifel und frust
doch wenn mühen des alters uns plagen
wach werden und die gedanken die bösen
unwiderruflich für immer auflösen
vom leben kein stückchen hergeben
aufwachen – fragen - leben

utopien

hier möchte ich gerne sein
mitten im bergischen land
lasse mich auf die landschaft ein
die ich schon immer märchenhaft fand

und ich denke über mein leben
bin niemand rechenschaft schuldig
kann mich ungekünstelt geben
entscheide selbst ob ich ungeduldig

mich rührt auch ein einzelnes schicksal
doch sehe ich das elend der welt
die masse ist es – die große zahl
die meine geduld auf die probe stellt

das die schöne welt nicht zerbreche
ist widerstand ausgebrochen
es bezahlt nicht das volk die zeche
haben sich die menschen versprochen

zwischen den tälern und höhen
erwacht ein menschliches gesicht
man kann es auf allen hügeln sehen
das leben reimt sich wie ein gedicht

hier möchte ich gerne sein
bei den menschen im bergischen land
es stellt sich frieden und liebe ein
das ist eine utopie – mit verstand

dorfgemeinschaft

er lebt in einem dorf in der stadt
hier kennt beinahe jeder jeden
wer am morgen etwas zu sagen hat
hört am abend seine eigenen reden

die freunde die man zu kennen glaubt
sie kennen auch seine mucken
manchmal wenn seine meinung geraubt
kann er nur die schultern zucken

in seinem dorf ist es ebenso
von der oma bis zum enkelkind
im dorf sind die menschen erst froh
wenn sie informiert und neugierig sind

FRÜHLINGSGLÜCK

Es wäscht ein Gewitterregen den Hass
von meiner Seele ab. Die Liebe
und die friedlichen Gedanken nehmen zu.
Die Bäume werden wieder grün.
Der Vögel Gesang fliegt durch den Himmel.
Witternd, ein Rehkitz im Unterholz steht.

Frühling macht mich so fröhlich,
dass ich fröhlich aufschreibe,
wie fröhlich ich bin.

DER DICHTER AN SEIN PUBLIKUM

Ein Dichter auf dem Weg der Poesie,
um in Ruhe nach zu denken,
begibt sich in die Einsamkeit
seine Worte in Form zu lenken.

Das Publikum, wenn es gelesen,
was der Dichter zu Papier gebracht,
empfinden nach der Textlektüre,
was das mit ihrer Seele macht.

O Volk der Leserinnen und Leser,
ob ihr froh seit oder leidet
wichtig ist am Ende nur,
dass ihr die Literatur nicht meidet,

MEIN FRIEDLICHES DORF

Das kleine Dorf, schön und gemütlich,
verändert sich - aus alt wird neu
und das ist so lange vergnüglich,
wie es geschützt vor Pulver und Blei.

Das Dorf, ein kleiner Teil einer Stadt,
aus Ruinen entstanden, nach dem Krieg.
Weil es eine eigene Geschichte hat
ist jeder Tag Frieden ein großer Sieg.

Leider, die alten Häuser vergehen,
Fachwerk und Schiefer, vergessen.
Manchmal kann ich es nicht versteh'n,
gern hab ich unter Bäumen gesessen.
Im Dorf will ich leben, singen, lachen,
den Frieden zum Meisterwerk machen.

erfahrung

er liebte gerste hopfen und malz
und er liebte es - bier zu trinken
zur beigabe eine radi und salz
liess ihn in die träume sinken

dann träumte er von lieben frauen
in die er sich ganz doll verguckt
er wollt in ihre augen schauen
da hatte ihn das bier verschluckt

statt junge frauen zu vernaschen
ist er mit einem kater erwacht
es soll ihn nichts mehr überraschen
die erfahrung hat ihn klug gemacht

er vermeidet es in träume zu sinken
die von der trunkenheit gemacht
dumm ist es - zuviel zu trinken
weil ihn das zum dummkopf macht

ICH WILL AUF NICHTS VERZICHTEN

Ich will auf nichts verzichten,
was mir das Leben schenkt.
Will ausführlich berichten,
was mich duch's Dasein lenkt.
Erfülltes Leben ärgert den Tod,
ihm will ich nichts hinterlassen,
nur inhaltsleere, dunkle Gassen.
Mein Unglück bekommt er geschenkt.

Freund Hein, mit seiner Sense,
der verkleidete Knochenmann,
hängt das tote Pferd mit der Trense,
an seinen Leichenwagen an,
er hat nichts besseres zu tun.
Diverse Denker und Dichter,
drängen mich auszuruh'n.
Liebe Freunde – was nun?

Drum will ich auf nichts verzichten,
das Schicksal wird nicht abgesetzt.
Über mein Leben will ich berichten
und über die Liebe – jetzt.
Bis wir die Kriege verdammen
und in der Zukunft Flammen,
jedes Unglück vergangen
und Frieden sich durchgesetzt.

IM HERBST DES LEBENS

Wie im Herbst Blätter von Bäumen fallen,
so fällt dir im Alter das Haar vom Kopf.
Du musst zwar noch lange nicht lallen,
doch der Herbststurm greift deinen Schopf.

Bald wird er vor deiner Türe stehen,
im Hintergrund dunkle Wolken ziehen,
das Ende des Tages, man kann es sehen.
Vor der Natur – kann man nicht fliehen.

Herbst des Lebens, ein erstes graues Haar,
die ersten Falten und trockene Haut,
auf einmal erkennst du sonderbar klar,
dass das Leben auf Treibsand gebaut.

Am Ende die tröstliche Erkenntnis bleibt,
nicht alles wird gleichzeitig vergehen.
Wenn kein Herbststurm die Liebe vertreibt,
dann wird sie auch im Alter bestehen.

Das graue Haar zeigt den Lebensherbst an,
aber vergesst nie - wie es begann!

lebenslanges lernen

vieles möchte ich noch sagen bevor ich gehe
ungefragt und dumm zur welt gekommen
es gibt noch vieles was ich nicht verstehe
mit lernen hat mein leben begonnen

und scheint das leben am anfang auch lang
wenn wir uns vom geburtstag entfernen
wird es kürzer das ist des lebens gang
doch bis zum ende – möchte ich lernen

LIEBE

Ach, du wunderschöne Wiese,
Blütenduft, Insektengesumm.
Wenn du mit mir zusammen bist,
werde ich vor Glück ganz stumm.

BEGRÜNDUNG

Weil ich dich liebe,
will ich immer besser werden.
Weil ich dich liebe,
will ich achten auf dich und mich.

Weil ich dich liebe,
bin ich die Hälfte des Ganzen.
Weil ich dich liebe,
werden meine Träume Wirklichkeit.

Weil ich dich liebe,
will ich mit dir eine Einheit sein
weil ich dich liebe,
streite ich für eine Welt,
die schön und friedlich ist.

DIE LETZTE HOFFNUNG

Der ist unglücklich, der nicht lieben kann,
mag er auch Wohnung und Arbeit haben
und wenn falsche Freunde ihm ständig sagen,
er hätte alles, müsste sich nie plagen,
am Ende erinnern sie ihn daran,
dass man im Leben nicht alles haben kann.

Der ist unglücklich, der nicht lieben kann,
ihm fehlt die Liebe um sich anzulehnen.
Er fühlt in sich ein ständiges Sehnen,
sein Herzmuskel muss sich mächtig dehnen,
damit er den Kummer ertragen kann,
dass man im Leben nicht alles haben kann.

Der ist unglücklich, der nicht lieben kann,
wenn ihn nachts die Sehnsucht quält,
wenn er sich ständig seine Fehler aufzählt
und wie eine Zwiebel sieben Häute schält.
Mit letzter Hoffnung klammert er sich daran,
dass man nicht alles, aber Liebe haben kann.

DENKEN & FÜHLEN

Leuchtende Bilder unserer Träume,
glücklich überwundene Dummheit.
Träume die sich erfüllen,
aufleuchtend in der Dunkelheit.

Glück mit zitterndem Herzen,
Übermut und fröhliches Singen.
Unser Haar duftend nach Erde,
bringt die Natur zum klingen.

Denken und fühlen verbunden,
es wird immer stärker bewusst,
die Liebe gehört zum Leben
das zu empfinden - ist Lust.

NACH EINER ENTTÄUSCHUNG

Als ich nach trostloser Dunkelheit,
enttäuscht und verraten,
mich erholte und versprach,
ein neues Leben zu beginnen.
Erwachte ein kräftiger Strom,
die Vergangenheit mit sich reißend,
der Zukunft zufließend,
in ein Meer der Hoffnung,
für alle Zeiten.

Mein Boot gleitet auf den Wogen,
mit der Strömung zum Meer.
Gigantisches, mächtiges Meer!
Mich trägt die Hoffnung
an eine meergeborene Zukunft
in einem See der Freundlichkeit.

Wie kann meine Hoffnung,
ein friedliches Meer zu erreichen,
mich jemals verlassen,
wenn mein Boot,
Liebe heißt?

ICH BIN EIN GLÜCKSPILZ

Warum habe ich deine Liebe gewonnen,
dein fröhliches Wesen, den friedliche Sinn.
Deine Augen wie leuchtende Sonnen,
und ich, der ich so oft unausstehlich bin.

Schnell mache ich große Versprechen,
die ich vergesse oder sie nicht halte.
Leicht könnte mein Leben einbrechen,
wie Schnee über einer Gletscherspalte.

Du hältst zu mir, was für ein Wunder,
ich glaube, dass du meine Tränen spürst.
Und mein Herz brennt wie Zunder,
wenn du mich mit deiner Liebe verführst.

Oft will ich noch in deine Arme sinken,
in deiner Obhut geborgen sein,
lang noch den Wein der Liebe trinken
und ein Teil deiner Träume sein.

EMPATHIE

Geht es mir schlecht,
bist du meine Stütze.
Ich mache nicht alles recht,
oft lande ich in einer Pfütze.

Ich sehe nicht was dich bedrückt,
weil ich mit mir selbst beschäftigt,
erkenne nur was mich beglückt
und was mein Ego kräftigt.

Vergib mir mein Verhalten,
hilf mir dich zu versteh'n.
Was wir gemeinsam gestalten,
das macht unser Leben schön.

Geht es dir schlecht,
bin ich deine Stütze.
Ich hoffe, ich mache es recht,
dass ich unserer Liebe nütze.

vergissmeinnicht

leuchtend blau deine augen
wie vergissmeinnicht so schön
lässt mich immer wieder glauben
tief in deine seele zu seh'n

das blümchen ist der liebe beweis
und blüht in jedem jahr neu
auch wenn das nicht jeder weiß
man nennt es auch männertreu

als zeichen für unabhängigkeit
trugen zu der freiheit wohl
in der bedrückenden nazizeit
die freimaurer es als symbol

vergissmeinnicht so zart und klein
und doch voll innerer kraft
dass muss die blume des lebens sein
von der natur – für die liebe gemacht

liebe ist stärker als hass

wo sich berühren hass und liebe
am tiefpunkt unsrer menschlichkeit
wo wachsen die bösen triebe
verfällt die welt in dunkelheit

wie kommt es - was ist geschehen
sind wir blind und können nicht sehen
in der kurzen zeit des lebens
war der friedenskampf vergebens?

vergangenheit scheint vergessen
das heute übernimmt die macht
der frieden den wir einst besessen
stirbt in verlorener schlacht

wo sich berühren hass und liebe
am tiefpunkt unsrer menschlichkeit
da wachen auf die guten triebe
und frieden wird wirklichkeit

blaue stunde

spät – zur blauen stunde
die sonne bereits gesunken
der mond beginnt seine runde
der tag in der nacht versunken

zart schweben nebelschwaden
durch sträucher und bäume
gedanken in blüten baden
wovon ich glücklich träume

ende des tages – blaue stunde
in zärtliche erinnerungen gehüllt
sind wir mit amor im bunde
wenn unsere liebe sich erfüllt

blumenmädchen

komm in mein haus zu jeder zeit
ich warte auf dich
ich hoffe voller glückseligkeit
auf liebe für dich und mich

ich sehe dich - deine pfirsichhaut
deiner augen strahlendes licht
wenn ich dich verliebt angeschaut
erkenne ich meiner liebe gesicht

und sehe ich dich blumen hüten
in einem schönen blütenreigen
fröhlich zwischen gras und blüten
kann sich mir dein liebreiz zeigen

Komm in mein haus zu jeder zeit
ich warte auf dich
ich hoffe voller glückseligkeit
auf liebe für dich und mich

LASS MICH EIN

Ich bin da, bitte laß' mich ein.
Schenke mir
deine Liebe, die zärtliche,
nicht die schnelle - die dauerhafte,
die aus dem Herzen kommt.
Hör zu, ich will nicht allein sein
mit der Sehnsucht und den Träumen.
Nichts will ich planen ohne dich,
Glück, ich will es erleben,
will wissen ob du mich liebst.

WEINLESE

Endlich geht die Weinlese los.
In den bunten Weinbaugebieten
locken die Trauben, weiß und rot,
warten sich von den Reben zu lösen,
zu beginnen die Reise
in die Fässer der Kellermeister.

Jetzt feiern Menschen Weinfeste.
Gewärmt von Sonne und Arbeit,
lechzend nach Wein und Speisen,
verwöhnt von den Früchten des Sommers,
in den bunten Farben des Herbstes.

Mit Freunden möchte ich jetzt sein,
in froher Runde in der Strauße,
freudig gestimmt vom Geist des Weines,
eingehüllt von Freundschaft und Liebe,
sich hingebend dem Genuss,
in der Heimat des Weines.

liebe und wein

ich liebe das leben
die liebe - den wein
und für alle menschen
soll frieden sein

nach glücklichen träumen
gesund aufzuwachen
und fröhlich zu lernen
mit lustigem lachen

und zufriedene eltern
ohne schlimme sorgen
können planen
für ein sicheres morgen

ein planbares leben
es muss sich lohnen
und bezahlbare mieten
zum guten wohnen

und arbeit für alle
das ist nur gerecht
sich selbst zu erhalten
ist menschenrecht

alle waffen zerstören
der frieden wird pflicht
die völker vereinigt
kriegstreiber vor gericht

ohne waffen
wird frieden sein
es lebe der frieden
die liebe - der wein

Günter Wülfrath ist 1941 in Wuppertal geboren.

Er legte nach vielen Jahren als Rezitator 2007 den Grundstein für die jährlich stattfindenden Ronsdorfer Literaturtage „LIT.ronsdorf" in Wuppertal und begann eigene Texte zu verfassen.

Er schreibt vorwiegend Lyrik, Kurzgeschichten und biografische Texte, die in diversen Anthologien und Zeitschriften veröffentlicht wurden.

2016 erschien der Lyrikband "Ich denke, also bin ich" im NordPark-Verlag Wuppertal. 2018 erschienen bei BoD-Norderstedt die Gedichtbände „Ewig um die Sonne kreisend dreht die Sonne uns ins Licht" und „Mut zum Genuss", und der Roman „Vom Workaholic zum Sinnfinder". 2019 erschien der Gedichtband „Trotz Alledem". Es folgten die Gedichtbände „Ich lebe noch" 2021, „Ein Gedicht ist ein Park" 2022 und „Gegen den Strom" 2023. 2024 erschien der Gedichtband „Gedankensprünge".

INHALTSVERZEICHNIS

PHILOSOPHIE

NATUR & HEIMAT

PERSÖNLICH

LIEBE